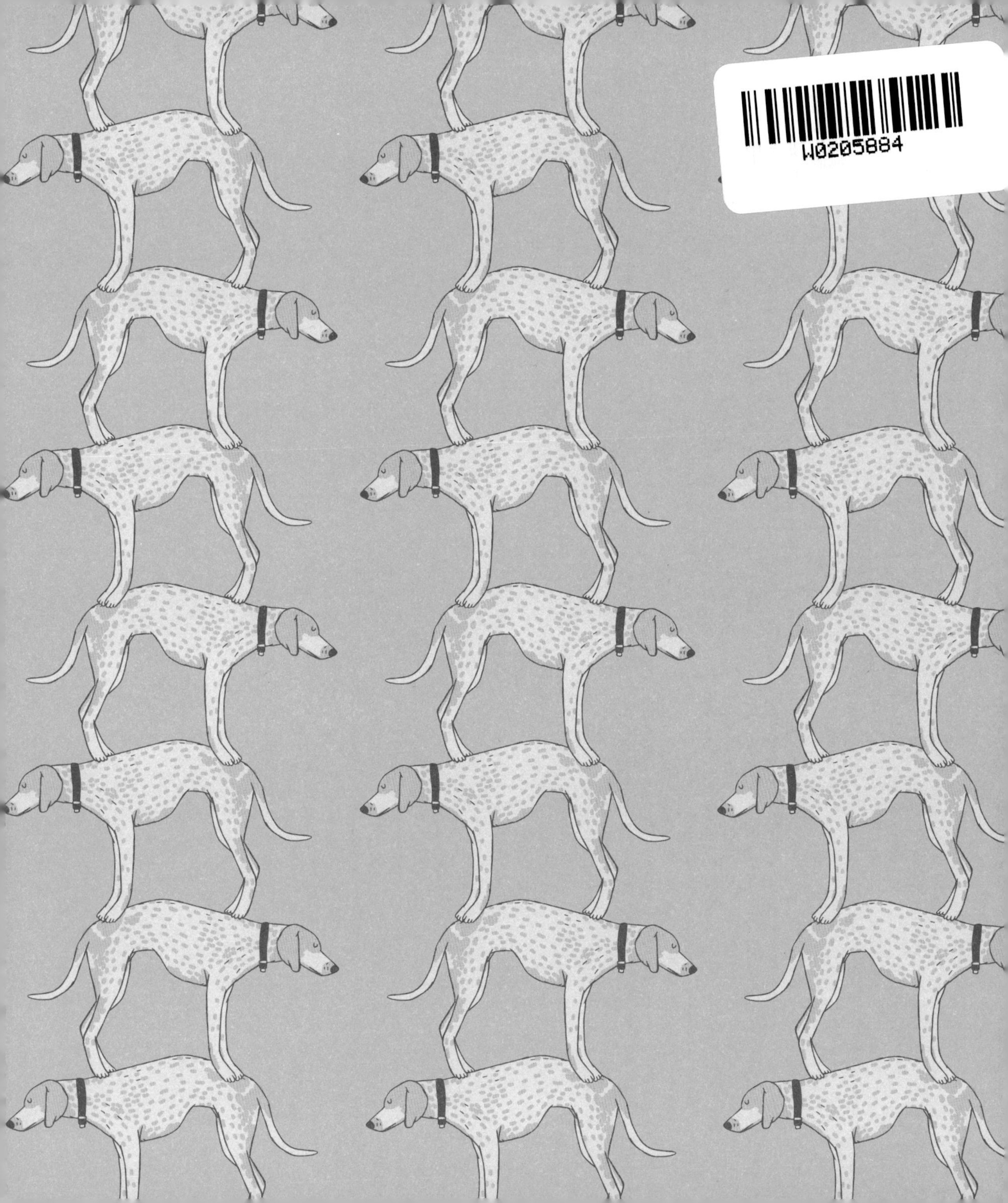

MADDIE
OBENAUF

THERON HUMPHREY

MADDIE OBENAUF

EINE VERBLÜFFENDE REISE AUF VIER PFOTEN

FREDERKING & THALER

Theron Humphrey und Maddie in Dallas, Texas, 9. August 2012

Einführung

Wenn ein Mann und sein Hund ohne jeden Grund zu einer Reise quer durch Amerika aufbrechen, können sie sich nur verirren. Warum also einen angenehmen Job aufgeben und 70 000 Meilen durch das Land fahren? Diese Anstellung verschaffte mir Sicherheit, ein Apartment und Geld, mit dem ich mir etwas leisten konnte. Sie kennen das. Aber ich fühlte mich leer. Der Roman meines Lebens war keine gute Story. Ich wachte morgens nicht auf, um etwas zu schaffen, worauf ich stolz sein konnte. Ich wollte endlich etwas vorweisen können, an dem mir etwas lag, wollte sagen können: »Das ist von mir. Das ist die Geschichte, die ich einmal meinen Kindern erzählen möchte«. Dabei hatte ich nicht bedacht, welche bedeutende Rolle ein Coonhound namens Maddie in meinem Abenteuer spielen würde.

Bevor Maddie in mein Leben trat, hatte ich es zum Pfadfinder im höchsten Rang gebracht, die Schule abgeschlossen, studiert, ein Examen abgelegt, dann einen Job gefunden. Zwischen diesen Zeitsprüngen liegt der Alltag. Die Morgen, an denen ich aufwachte, meine Zähne putzte und frühstückte. Es gab inzwischen einfach zu viele Tage, an denen ich weder ein Zeugnis erhielt noch einen neuen Job annahm, wenn Sie verstehen, was ich meine.

Eines schönen Tages in Idaho wachte ich auf und begriff, dass ich niemals die Welt ändern würde. Ich fühlte mich klein, unbedeutend, als ob mein Dasein keinen rechten Sinn hätte. Solche Worte sind schnell geschrieben, aber das Gewicht, das auf mir lastete, fühlte sich echt an. Ich stand auf und rief einen alten Freund an, Chris Barnes. Am Ende unseres Gesprächs beschloss ich, loszuziehen und selbst die Veränderung zu sein, die ich in der Welt bewirken wollte. Klingt das affektiert? Ich hoffe nicht, ich meinte das ehrlich – vielleicht weil jener Entschluss alles auf Schwarz-oder-Weiß, Ja-oder-Nein reduziert, aber so war es nicht. Es waren diese vielen banalen Alltage, die Tage ohne große Feste oder Prüfungen.

Zwei Dinge in meinem Leben brachten mich an diesen Punkt. Der Tod meines Großvaters und ein gebrochenes Herz.

Im Herbst 2010 kam ich nach North Carolina zurück und besuchte meinen Großvater. Ich hatte eine Zeit lang in einem Fotostudio gearbeitet, das zu einem Konzern gehörte. Es war die Art Job, mit dem Mütter gerne vor anderen Müttern prahlen – nämlich dass ihr Sohn bei einer börsennotierten Firma angestellt ist. Aber ich fühlte mich leer. Ich hatte jahrelang nichts fotografiert, das mir gefiel, das ich mit Herzblut machte. Jeden Tag war ich von Kameras umgeben, aber ich benutzte sie, um Produkte an Leute zu verkaufen, die ich nie treffen würde. In diesem Herbst auf der Farm meines Großvaters herumzuwandern, fühlte sich echt an. Die Bäume zu sehen, die ihr Laub verloren hatten, und im Dreck herumzustapfen – auch das fühlte sich echt an. Im Wohnzimmer meines Großvaters zu sitzen, während viel zu viele Scheite im Ofen brannten, fühlte sich ebenfalls echt an. Seine Stimme aufzunehmen, seine Geschichten, zum letzten Mal – *das* war echt. Ans Fotografieren von Waren in einem Studio in Idaho zu denken, fühlte sich falsch an.

Ein gebrochenes Herz gehörte schon immer zu den großen Triebkräften in der Geschichte der Menschheit, wenn es darum ging, einen Mann aufzurütteln und etwas Neues aus seinem Leben zu machen. Eines Nachmittags sagte mir ein Mädchen, das ich liebte, ich sei »der enttäuschendste Mensch überhaupt«. Ich weiß nicht, ob sie in diesem Moment recht hatte oder nicht, ich habe ihr und mir schon lange verziehen, aber wenn wir – Sie und ich – uns jemals über den Weg laufen sollten (was ich sehr hoffe), werden Sie von mir sofort zu hören bekommen, dass ich nicht immer der Mensch bin, der ich sein sollte. Ich will nichts dramatisieren. Ich möchte nur meine Geschichte mit Ihnen teilen, was mich dazu brachte, etwas anderes zu machen – und was mich und Maddie zusammenführte.

Immer wenn ich an einem dieser Morgen in Idaho aufwachte und die Last auf meinem Herzen spürte, erkannte ich, wie sehr das Konzernleben mich auffraß. Wozu brauchte die Welt mehr Handtaschen und Halsketten, wo doch mein Großvater gerade gestorben war? Ich wollte nicht der enttäuschendste Mensch überhaupt sein. Und genau dann kam mir *diese verrückte Idee*.

Ich würde hinausziehen, alle 50 Bundesstaaten in 365 Tagen durchqueren, und einen Menschen am Tag treffen, jeden Tag. Ich wollte jedem ein kleines Geschenk machen. Ich wollte jene Erfahrung teilen, die ich gemacht hatte, als ich meinen Großvater fotografiert, zum letzten Mal seine Stimme gehört und seine Geschichte aufgezeichnet hatte. Ich wollte mich Leuten anschließen und lernen, meine Nächsten zu lieben, um all diese Augenblicke dazwischen zu feiern, die Augenblicke, die keine großen Feste oder Prüfungen sind, all diese gewöhnlichen, alltäglichen Augenblicke, die wirklich ein Leben ausmachen.

Aber das Beste an dieser Geschichte ist der Hund, der sich mir anschloss. Wenn John Steinbeck auf seinen Reisen durch Amerika Charlie an seiner Seite hatte, dann brauchte auch ich einen guten Hund auf dem Beifahrersitz. Ich hatte keine Ahnung, wie sehr sich mein Leben ändern würde, als ich Maddie in diesem Sommer aus dem Tierheim holte. Haben Sie jemals jemanden getroffen, der innerhalb einer Minute zum alten Freund wurde? Maddie sprang in meinen Pick-up, ließ sich auf dem Sitz nieder und sah mich an. Sie passte mit ihren großen Ohren und den fantastischen weißen Flecken haargenau in mein Leben.

Im Herbst 2011 verabschiedeten Maddie und ich uns von allen Freunden und gingen auf Tour durch Amerika. Wenn man zu einem Schreibtischleben verdonnert ist, bekommt die Weite der Straße etwas überaus Romantisches. Sie verspricht Abenteuer sowie das Erlebnis, seinen Tank völlig leer zu fahren. Der angeborenen amerikanischen Liebe zur Straße kann ich nichts Neues hinzufügen, aber ich kann bestätigen, dass sie lebt, und sie ist immer noch schön. An diesem ersten Morgen saßen Maddie und ich in meinem alten Toyota und überlegten, in was wir uns hier hineingeritten hatten.

Manchmal war das Auto zu klein und ihr Schwanz zu oft in meinem Gesicht, aber wir aßen zusammen, trafen und fotografierten Leute zusammen und schliefen zusammen in meinem alten Pick-up. Mithilfe des Wagens erkannte ich sogar Maddies Talent. Eines Morgens fiel mir ein, dass ich ein Foto als Erinnerung daran machen sollte, wie wir zusammen gereist waren. Also nahm ich Maddie und stellte sie auf das Wagendach. Sie stand einfach da und lächelte mich an. Viele gute Dinge nehmen so ihren Anfang, im Kleinen eben.

Maddie lehrte mich, jeden Morgen aufzuwachen und dankbar zu sein. Sie lehrte mich, dass wir daran wachsen, wenn wir uns einer Sache hingeben und daran festzuhalten. Aber vor allem lehrte sie mich, dass das Stehen auf Dingen, alltäglichen Dingen, unglaublich interessant sein kann. Sie ist mein bester Freund.

Jetzt fällt es mir schwer, mich an das Leben vor der Reise zu erinnern, vor Maddie. Mein Alltag in der Firmenwelt war das Leben, das mich hierher brachte. Wir leben alle unsere einzigartigen Geschichten und stammen von einzigartigen Eltern ab. Wir beschreiten alle verschiedene Wege und haben unsere eigene Geschichte. Meine hat mich dazu geführt, eine Einleitung über diesen wunderbaren Hund zu schreiben, der mein Leben veränderte.

BRRRR
yum
CLICK
ZZZZZZZZ

Therons und Maddies Weg

Tage unterwegs: 365

Zurückgelegter Weg: 104 607 km

Syracuse, **New York**, 5. November 2011

Das war der Anfang von »Maddie obenauf«, jedenfalls nahm ich sie zum ersten Mal mit der Kamera ins Visier. Ich erinnere mich an alle Details außerhalb des Bildrandes. An diesem Nachmittag half ich einem Freund, sein Motorrad zu reparieren, als ich das Licht zwischen den Häusern durchscheinen sah. Ich stellte Maddie in die Mitte des Lichtkegels, bat sie stehen zu bleiben, und sie sah mich einfach nur an.

Pittsburgh, **Pennsylvania**, 18. November 2011

Als ich dieses Bild machte, dachte ich noch nicht daran, Maddie auf Dinge zu stellen. Idee und Vorhaben entfalteten sich und wuchsen mit der Zeit von selbst. Aber ich erinnere mich sehr genau an den Gedanken, in 30 Jahren vielleicht einmal wissen zu wollen, wie mein Gefährt und meine Begleiterin damals ausgesehen haben.

Canton, **Ohio**, 19. November 2011

Lexington, **Kentucky**, 29. November 2011

Birmingham, **Alabama**, 15. Dezember 2011

Lakeshore, Louisiana, 21. Dezember 2011

Als wir es bis nach New Orleans geschafft hatten, lagen einige Tausend Kilometer und vier Monate Reise hinter uns. Eines Morgens fragte ein Freund, ob ich Maddie dazu bringen könnte, auf vier Suppendosen zu stehen. Eine Stunde später setzte ich Maddies Pfoten ganz behutsam einzeln auf die Dosen. Das war der Beginn unserer Geschichte in Bildern.

New Orleans, **Louisiana**, 23. Dezember 2011

Lakeshore, **Louisiana**, 25. Dezember 2011

Hattiesburg, **Mississippi**, 27. Dezember 2011

DeSoto National Forest, **Mississippi**, 26. Dezember 2011

Nationalparks sind meine Lieblingsorte im ganzen Land. Es war ein Segen, so viele davon besuchen zu können. Manchmal ist es schön, in die Wälder zu gehen und allein zu sein. Es war so wichtig, über das Erlebte nachzudenken und sich auf das zu freuen, was wir noch vor uns hatten. Ich werde nie vergessen, wie ich mit Maddie die Feldwege entlangfuhr und einen tollen Platz zum Campen fand. Das sind wirklich unvergessliche Erinnerungen!

Hattiesburg, **Mississippi**, 27. Dezember 2011

Das Abenteuer wartet abseits der großen Straßen. Erst dort entdeckt man, was Amerika wirklich ausmacht. Als ich an dieser Riesen-Wassermelone auf dem Highway 11 vorbeifuhr, musste ich einfach noch einmal umkehren.

Jackson, **Mississippi**, 28. Dezember 2011

Jackson, **Mississippi**, 29. Dezember 2011

Jackson, **Mississippi**, 30. Dezember 2011

Jackson, **Mississippi**, 5. Januar 2012

Jackson, **Mississippi**, 3. Januar 2012

Monroe, **Arkansas**, 10. Januar 2012

Sparkman, **Arkansas**, 11. Januar 2012

Siloam Springs, **Arkansas**, 17. Januar 2012

Lee's Summit, **Missouri**, 22. Januar 2012

Orrick, **Missouri**, 24. Januar 2012

Carol Stream, **Illinois**, 26. Januar 2012

Carol Stream, **Illinois**, 1. Februar 2012

Columbus, **Indiana**, 5. Februar 2012

Fort Wayne, **Indiana**, 6. Februar 2012

Fort Wayne, Indiana, 7. Februar 2012

Maddie entwickelte sich mit der Zeit zu einem wunderbaren Double in allen Geschichten, die von dem handeln, was ich im Leben liebe. Ich habe herrliche Erinnerungen an die Klettergerüste meiner Kindheit. Die findet man in Parks neueren Datums nur noch selten, aber es gibt noch ein paar wenige da draußen im Land.

Lansing, **Michigan**, 8. Februar 2012

Grand Rapids, Michigan (oben)
Glencoe, Neumexiko (unten)

Milwaukee, Wisconsin (oben)
Hiawatha National Forest, Michigan (unten)

Bentley, **Michigan**, 11. Februar 2012

Detroit, **Michigan**, 14. Februar 2012

Der Spaß bei diesen Aufnahmen liegt in ihrer raschen Umsetzung, darin dass ich lediglich auf meine Umgebung reagiere. Ein Freund hatte dieses rote Fahrrad zu Hause, und nachdem er zur Arbeit gegangen war, fragte ich mich, ob Maddie darauf stehen könnte. Sie konnte!

Parma, **Michigan**, 15. Februar 2012

Roscommon Township, **Michigan**, 16. Februar 2012

Huron National Forest, **Michigan**, 16. Februar 2012

Hiawatha National Forest, **Michigan**, 16. Februar 2012

Minneapolis, **Minnesota**, 20. Februar 2012

Tomah, Wisconsin, 21. Februar 2012

Madison, **Wisconsin**, 21. Februar 2012

Bei den meisten Bildern stellte ich Maddie irgendwohin und bat sie, ruhig zu bleiben, wofür ihr viele Leckerbissen winkten. Ich fand diese große Wiese, die ausgerechnet an den Parkplatz eines McDonald's grenzte. Es ist eines der subtilen Bilder, die ich auf unserer Reise einfing. Immer wieder überrascht es mich, wie verwandelt ein Raum auf einer Fotografie wirken kann.

Milwaukee, **Wisconsin**, 22. Februar 2012

Milwaukee, **Wisconsin**, 22. Februar 2012

Milwaukee, **Wisconsin**, 25. Februar 2012

Belmont, **Wisconsin**, 27. Februar 2012

Dows, Iowa, 28. Februar 2012

Ames, **Iowa**, 1. März 2012

Dieses Bild warf mich buchstäblich um! Maddie rutschte oder wackelte überhaupt nicht.
Ein Hoch auf den klebrigen Flecken Moos oben auf der Kugel!

Des Moines, **Iowa**, 1. März 2012

Ich kann mich oft nicht entscheiden, ob ich die Story hinter einem Foto erzählen soll oder nicht. Mir gefällt es, wenn Fotos rätselhaft bleiben. Oft werde ich aber gebeten, die Geschichte eines Bildes zu verraten. Direkt unter dem Basketballkorb steht mein Pick-up mit dem Camper-Aufsatz.

Des Moines, **Iowa**, 2. März 2012

Lawrence, **Kansas**, 6. März 2012

Des Moines, **Iowa**, 3. März 2012

St. Charles, **Iowa**, 5. März 2012

In dieser kleinen Stadt in Iowa erkundeten Maddie und ich eine alte Grundschule, einen Ziegelbau mit drei Stockwerken. Das Schönste an alten Räumen ist, sich die Geschichten vorzustellen, die sich dort abgespielt haben könnten.

Bartlesville, **Oklahoma**, 10. März 2012

Columbus, Indiana (oben)
Tulsa, Oklahoma (unten)

Williston, Nord-Dakota (oben)
Grand Teton National Park, Wyoming (unten)

Lawrence, **Kansas**, 6. März 2012

Shawnee, **Kansas**, 7. März 2012

Wyandotte County Lake Park, **Kansas**, 7. März 2012

Shawnee, **Kansas**, 8. März 2012

Tulsa, **Oklahoma**, 11. März 2012

Austin, **Texas**, 14. März 2012

Austin, **Texas**, 15. März 2012

Austin, **Texas**, 15. März 2012

Houston, **Texas**, 20. März 2012

Austin, Texas, 15. März 2012

Dieser großartige VW-Bus gehört Maura und Chap in Austin, Texas. Ich verbrachte einige Tage mit ihnen in der Stadt und im Umland. Wir fuhren einfach nur herum und genossen das Leben in vollen Zügen.

Lawton, **Oklahoma**, 13. März 2012

Marfa, **Texas**, 22. März 2012

Glidden, **Texas**, 21. März 2012

Las Cruces, **Neumexiko**, 23. März 2012

Taos, **Neumexiko**, 27. März 2012

Pueblo, Colorado, 29. März 2012

Pueblo, **Colorado**, 29. März 2012

Las Cruces, Neumexiko (oben)
Harrisburg, Pennsylvania (unten)

Austin, Texas (oben)
Houston, Texas (unten)

Las Cruces, **Neumexiko**, 23. März 2012

Denver, **Colorado**, 30. März 2012

Denver, **Colorado**, 30. März 2012

Denver, **Colorado**, 30. März 2012

Glenwood Springs, **Colorado**, 1. April 2012

Maddies Geburtstag ist der 1. April. Dieses Jahr wurde sie zwei. Am Vortag hielten wir an einem Ramschladen und besorgten ein bisschen Festschmuck und Leckerbissen. Am Morgen wachten wir auf, aßen reichlich und feierten mit Papierhüten.

Basalt, **Colorado**, 1. April 2012

Basalt, Colorado, 1. April 2012

Das ist mein Lieblingsbild von Maddie. Ich mag das Farbenspiel sehr und wie ihr gebeugter Körper die Rundungen der Berge nachahmt – und wie einfach dieses Foto entstand.

Wauneta, **Nebraska**, 3. April 2012

McCook, **Nebraska**, 3. April 2012

Lexington, Nebraska, 4. April 2012

Eine bleibende Erinnerung aus Kindertagen ist der Spielfilm *Pee-Wee's irre Abenteuer*. Ich werde nie die Dinosaurier darin vergessen. Wir legten einen Tankstopp in Nebraska ein, und ich wollte mir den grünen Saurier nicht entgehen lassen. Der Höhepunkt war ein Lastwagenfahrer, der stehen blieb und uns zuwinkte.

Lincoln, **Nebraska**, 4. April 2012

Kearney, **Nebraska**, 4. April 2012

York, **Nebraska**, 4. April 2012

Auburn, **Nebraska**, 6. April 2012

Blaire, **Nebraska**, 7. April 2012

Omaha, **Nebraska**, 8. April , 2012

Yankton, **Süd-Dakota**, 9. April 2012

Pactola-Stausee, **Süd-Dakota**, 11. April 2012

White Sulpher Springs, **Montana**, 17. April 2012

West Point, **Nebraska**, 8. April 2012

Bismarck, **Nord-Dakota**, 13. April 2012

Fort Yates, **Nord-Dakota**, 14. April 2012

Fort Yates, **Nord-Dakota**, 14. April 2012

Einige der nettesten Leute, die ich unterwegs traf, leben im Reservat von Fort Yates. Wir begannen an diesem Nachmittag ein Gewächshaus zu bauen. Wir schlugen den ganzen Tag Pfähle für das Fundament ein. Wenn ihr je in die Gegend kommt, haltet an und helft mit.

Tioga, **Nord-Dakota**, 16. April 2012

Staatsgrenze, nahe Bainville, **Montana**, 16. April 2012

Brookfield, **Wisconsin**, 23. Februar 2012

Sandpoint, **Idaho**, 20. April 2012

Einige Jahre lebte ich in Sandpoint. Wahrzeichen wie dieses vergisst man leicht, wenn man wegzieht. Als ich aber zu einem Besuch dorthin zurückkehrte, freute ich mich über das unverhoffte Wiedersehen mit der kleinen Freiheitsstatue.

Inglewood, Kalifornien (oben)
San Bernardino, Kalifornien (unten)

Encinitas, Kalifornien (oben)
Las Vegas, Nevada (unten)

Libby, **Montana**, 21. April 2012

Cody, **Wyoming**, 24. April 2012

Lander, **Wyoming**, 25. April 2012

Evanston, **Wyoming**, 26. April 2012

Mountain View, **Wyoming**, 26. April 2012

Park City, **Utah**, 27. April 2012

Spanish Oak, **Utah**, 1. Mai 2012

Tempe, Arizona, 3. Mai 2012

Mesa, **Arizona**, 5. Mai 2012

Unsere Tage unterwegs begannen immer gleich – mit Kaffee und Frühstück. Ich mochte diese Stetigkeit. Sie war eine der wenigen Konstanten, die wir noch hatten. An diesem Morgen aß ich eine halbe Grapefruit. Spontan dachte ich, dass ihre Schale ein toller Hut wäre. So konnte ich mit dem Vorhandenen ein lustiges Bild gestalten.

Mesa, **Arizona**, 5. Mai 2012

Tempe, **Arizona**, 6. Mai 2012

Tempe, **Arizona**, 7. Mai 2012

Las Vegas, **Nevada**, 10. Mai 2012

Tonopah, **Nevada**, 8. Mai 2012

Die großen Straßen zu verlassen, führt immer zu etwas Gutem. Also packten wir ein paar Sandwiches ein und brachen in die Wüste auf, um einen guten Platz zum Campen ausfindig zu machen. Der eigentliche Zweck unseres Abenteuers war aber, dem Unerwarteten zu begegnen. So wie diesem einsamen Pfosten in der Wüste.

Hesperia, **Kalifornien**, 11. Mai 2012

Anaheim, **Kalifornien**, 20. Mai 2012

Las Vegas, **Nevada**, 10. Mai 2012

San Diego, **Kalifornien**, 11. Mai 2012

Wenn Sie je in Südkalifornien waren, wissen Sie, dass es eine wunderbare Gegend ist. Aber es gibt auch eine Menge Gesetze und Verbotsschilder. Dieses hier ist mit Abstand das beste Schild von allen. Ich stellte Maddie darauf, und 30 Sekunden später hatte sich eine kleine Gruppe von Leuten versammelt und lachte.

San Carlos, **Kalifornien**, 11. Mai 2012

El Cajon, **Kalifornien**, 13. Mai 2012

El Cajon, **Kalifornien**, 12. Mai 2012

Mira Mesa, **Kalifornien**, 14. Mai 2012

Sorrento Valley, **Kalifornien**, 14. Mai 2012

Maddie trifft Betsy, die Gründerin von Petfinder.com. Auch Maddie wurde von Petfinder gerettet.

San Bernardino, **Kalifornien**, 17. Mai 2012

Los Angeles, **Kalifornien**, 19. Mai 2012

Los Angeles, **Kalifornien**, 19. Mai 2012

Wenn ich mir ein Essen für den Rest meines Lebens aussuchen dürfte, dann wäre es Pizza. Den Belag müsste man aber wechseln dürfen. Maddie würde mir zustimmen, da bin ich mir sicher. Als wir in Los Angeles waren, trafen wir nette Leute, mit denen wir uns eine Riesenportion teilten.

Anaheim, **Kalifornien**, 20. Mai 2012

Saratoga, Kalifornien, 28. Mai 2012

San Francisco, **Kalifornien**, 30. Mai 2012

Baker City, **Oregon**, 6. Juni 2012

Boise, Idaho, 9. Juni 2012

Kaniksu National Forest, **Idaho**, 15. Juni 2012

Sandpoint, **Idaho**, 16. Juni 2012

Ich hätte nie gedacht, eine faulenzende Schildkröte zu sehen, als ich über diesen Gartenzaun spähte. Dieses Land ist voller erstaunlicher Leute. Klopfe einfach an ihre Tür und frage, ob dein Hund auf ihrer Schildkröte stehen darf – und schon sind sie von dir eingenommen.

Sagle, **Idaho**, 17. Juni 2012

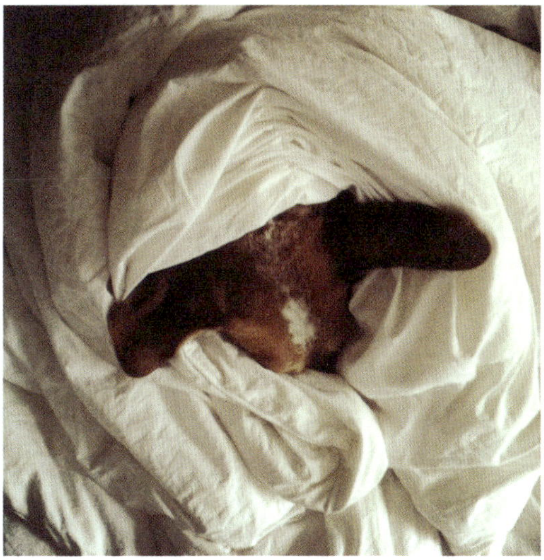

New Plymouth, Idaho (oben)
New York, New York (unten)

Sandpoint, Idaho (oben)
Boise, Idaho (unten)

Austin, **Texas**, 16. März 2012

Inver Grove Heights, **Minnesota**, 27. Februar 2012

Impressum

Unser komplettes Programm:
www.frederking-thaler.de

Produktmanagement: Dorothea Sipilä
Redaktion und Satz: VerlagsService Dr. Helmut Neuberger & Schaumann GmbH, Kirchheim
Umschlaggestaltung: Karin Vollmer, München
Illustrationen: Leslie A. Wood
Herstellung: Barbara Uhlig
Gesamtherstellung: Verlagshaus GeraNova Bruckmann

Alle Angaben dieses Werkes wurden vom Autor sorgfältig recherchiert und auf den aktuellen Stand gebracht sowie vom Verlag geprüft. Für die Richtigkeit der Angaben kann jedoch keine Haftung übernommen werden. Für Hinweise und Anregungen sind wir jederzeit dankbar. Bitte richten Sie diese an:

Frederking & Thaler Verlag
Postfach 40 02 09
D-80702 München

Bildnachweis:
Alle Fotografien © Theron Humphrey
mit Ausnahme von S. 4 © Cory Staudacher

Die Deutsche Nationalbibliothek verzeichnet diese Publikation in der Deutschen Nationalbibliografie; detaillierte bibliografische Daten sind im Internet über http://dnb.d-nb.de abrufbar.

Die englischsprachige Originalausgabe erschien unter dem Titel »Maddie on Things« bei Chronicle Books LLC, San Francisco, California

ISBN 978-3-95416-117-1

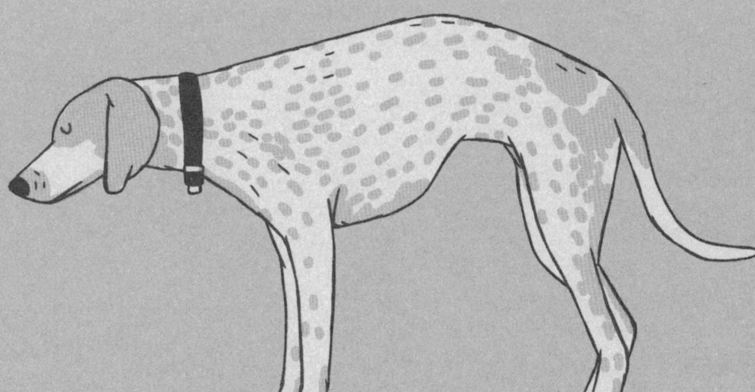

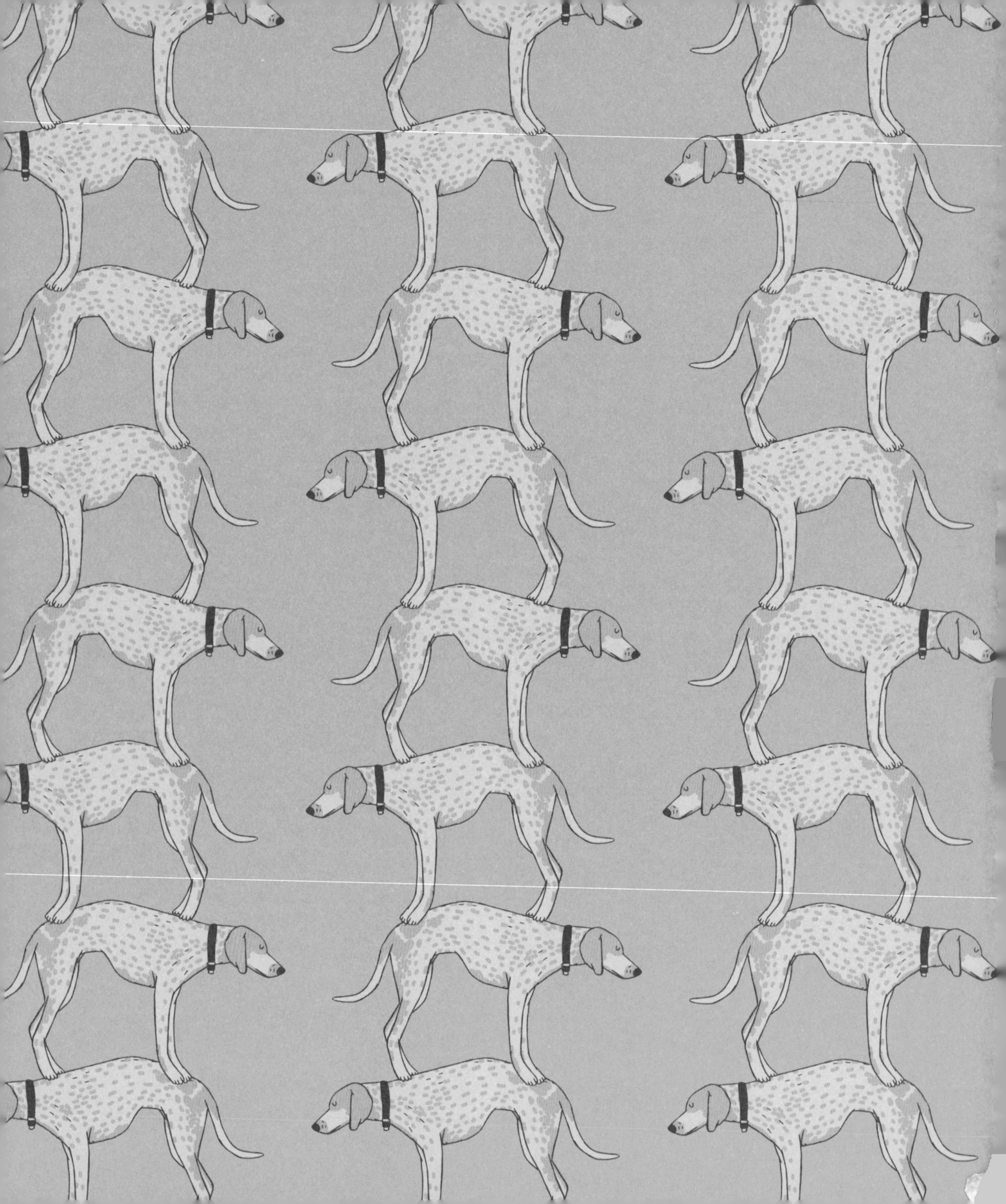